Gina Ruck-Pauquèt

Miezekatze Minimauz

mit Bildern von Bernhard Oberdieck

Loewe

CIP-Titelaufnahme der Deutschen Bibliothek

Ruck-Pauquèt, Gina:
Miezekatze Minimauz/Gina Ruck-Pauquèt. –
2. Aufl. – Bindlach: Loewe, 1989
(Leselöwen-Minutengeschichten)
ISBN 3-7855-2067-0

ISBN 3-7855-2067-0 – 2. Auflage 1989
© 1987 by Loewes Verlag, Bindlach
Umschlagillustration: Bernhard Oberdieck
Satz: Leingärtner, Nabburg
Druck: Zumbrink-Druck GmbH, Bad Salzuflen
Printed in Germany

Inhalt

Minimauz wird geboren 9
Minimauz findet einen Platz 10
Minimauz ist keine Puppe 12
Minimauz tut, was sie will 14
Minimauz schafft es 18
Minimauz ist eine Rechenaufgabe 20
Minimauz ißt, was ihr schmeckt 23
Minimauz klaut 25
Minimauz bringt eine Maus 27
Minimauz hat einen schlechten Tag 30
Minimauz ist eine Tigerin 32
Minimauz ist verschwunden 35
Minimauz kriegt eine Katzensitterin 37
Minimauz steigt auf den Baum 38
Minimauz schnurrt 40
Minimauz ist allein 42
Minimauz wird unsichtbar 44
Minimauz hat einen Unfall 46
Minimauz soll frei sein 48
Minimauz ist ein Gespenst 51
Minimauz fängt Schneemäuse 52
Minimauz macht Peter traurig 54
Minimauz zieht um 56
Minimauz begegnet Emilio 58

Minimauz wird geboren

Im April kommt die Miezekatze Minimauz auf die Welt. Die Katzenmutter ist glücklich. Zwei Katerchen hat sie geboren und die Miezekatze Minimauz.
Minimauz ist ganz besonders klein. Sie schläft und trinkt und wächst. Nach zehn Tagen öffnet sie zum erstenmal die Augen. Bald klettert sie aus dem Korb und macht Ausflüge. Hinter die Truhe krabbelt sie und unter den Schrank.
Die Katzenmutter packt Minimauz am Nackenfell und holt sie zurück. Mit der rauhen Zunge putzt sie ihr Fellchen sauber.

Minimauz zupft die Katerbrüder an den Ohren und haut ihnen mit der Pfote auf die Nase. Dann spielen sie. Sie balgen herum und sind ein einziges buntes Fellknäuel.
Einmal gibt es Streit. Minimauz beißt und kratzt und faucht.
„Miau!" schimpft die Katzenmutter.
Die Kätzchen lassen einander los.
Minimauz gähnt. Sie kuschelt sich mit ihren Brüdern an den weichen Mutterbauch.
Es dauert nicht lange, da schnurren sie – die große Katze, die beiden Katerchen und die Miezekatze Minimauz.

Minimauz findet einen Platz

Eines Tages kommen fremde Menschen. Minimauz ist zwölf Wochen alt.
„Such dir eins aus", sagen die Eltern zu ihrem Jungen.
Peter schaut sich die Kätzchen an.
„Die mag ich", sagt er, und er zeigt auf die

Minimauz. Schon wird sie hochgehoben. Gestreichelt wird sie und in ein Körbchen gesetzt. Minimauz schreit. Sie will raus! Als sich der Deckel hebt, ist sie in einer fremden Umgebung.

Minimauz schaut sich um. Peter bringt ihr
Hackfleisch. Das schmeckt gut. Dann muß
die Minimauz wohl eingeschlafen sein.
Als sie aufwacht, ist es Nacht geworden.
Minimauz ist ganz allein. Sie sehnt sich
nach ihrer Mutter und den Katerbrüdern.
Sie weint.
„Mi-iii!" jammert sie. „Mi-aa!"
Da öffnet sich die Tür.
„Komm", sagt Peter, „du sollst nicht traurig
sein."
Er nimmt Minimauz mit in sein Bett. Zärtlich
hält er sie im Arm. Da spürt die Miezekatze
Minimauz, daß Peter sie sehr, sehr liebhat.

Minimauz ist keine Puppe

„Das ist Minimauz", sagt Peter zu seinen
Freunden. „Sie gehört mir."
Minimauz sieht das anders. Sie glaubt, daß
Peter *ihr* gehört. Wenn sie ruft, kommt er
gleich. Manchmal hat sie Hunger, und

manchmal möchte sie spielen. Peter ist immer für sie da.
Minimauz kommt nicht jedesmal, wenn Peter sie lockt. Oft hat sie keine Zeit. Sie muß Papierbällchen jagen, am Vorhang hochklettern und Fliegen fangen.
„Die ist aber süß!" rufen die Kinder.
Sie streicheln sie und nehmen sie auf den Arm. Eine Weile gefällt es Minimauz so. Dann hat sie genug. Sie maunzt. Als die Kinder sie nicht loslassen, knurrt sie.
Und weil das auch nicht hilft, kratzt sie.
„Meine Hand blutet!" schreit Anja.
„Die Minimauz ist ganz gemein!"
Aber Peter nimmt seine Katze in Schutz.
„Sie hat gesagt, daß sie weg will", erklärt er. „Die Minimauz ist doch keine Puppe!"

Minimauz tut, was sie will

Jeden Tag hat Minimauz neue Erlebnisse. Gestern war sie beim Tierarzt. Sie hat

Schutzimpfungen bekommen. Heute ist sie in den Küchenschrank gestiegen. Da sind ein paar Tassen rausgepurzelt. Minimauz hat sich erschreckt.

Beim Mittagessen springt sie auf den Tisch. Peter lacht.
„Sie ist eine sehr schöne Katze", sagt die Mutter. „Aber ein bißchen solltest du sie doch erziehen."
Der Vater meint das auch.
Peter setzt Minimauz auf den Boden.

Schnell putzt sie sich da, wo Peter sie angefaßt hat. Anscheinend ist sie beleidigt.
Peter gibt ihr ein Stückchen Bratwurst.
Schwupp – hüpft Minimauz wieder auf den Tisch!
„Jetzt reicht's aber!" sagt der Vater.
Er pustet Minimauz an. Das mag sie nicht. Sie geht. Doch als die Menschen aufgegessen haben und im Nebenzimmer sind, setzt sich die Minimauz mitten auf den Tisch!

Minimauz schafft es

„Also, im Bett müßte die Katze nun wirklich nicht schlafen", sagt die Mutter eines Tages. „Sie hat einen schönen Korb."
„Warum denn nicht im Bett?" fragt Peter.
„Weil sie alles schmutzig macht", sagt die Mutter. „Und voller Haare."
Am Abend bleibt Minimauz im Wohnzimmer.
„Miau!" schreit sie, als die Menschen ins Bett gegangen sind.
„Blöde Katze!" brummt der Vater nebenan.
„Miau. Miau!"
„Wir hätten sie nicht daran gewöhnen dürfen", sagt die Mutter.
Der Vater schweigt. Minimauz schreit.
„Vielleicht friert sie", hört Peter die Mutter sagen.
„Das ist kein Iglu hier", widerspricht der Vater. „Das ist eine geheizte Wohnung."
Jetzt fängt Minimauz an zu niesen.
„Peter", ruft der Vater, „nimm die Katze zu

dir! Ich möchte nämlich jetzt schlafen."
„Hab' ich ja gewußt", flüstert Peter
Minimauz ins Ohr, „daß du das schaffst!"

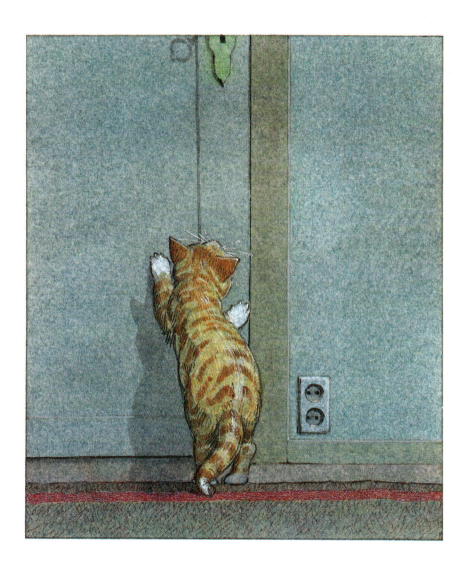

Minimauz ist eine Rechenaufgabe

Nach dem Essen macht Peter Hausaufgaben. Aber nicht gern. Da ist er froh, daß Minimauz auf sein Schreibpult springt und stört.
„Bist du fertig?" ruft die Mutter nach einer Weile.

„Noch nicht", sagt Peter. „Rechnen muß ich noch."
Minimauz hat sich auf seinem Ranzen zusammengerollt und schnurrt.
Peter schaut sie an. Dann schreibt er:

    Ein runder Kopf
+ zwei spitze Ohren
+ zwei grüne Augen
+ zwölf lange Schnurrbarthaare
+ eine Nase
+ ein Schnäuzchen
+ ein Körper
+ vier Beine mit Pfoten
+ ein Schwanz
+ ein Fellbezug
_____

= eine Miezekatze namens Minimauz

„Peter", fragt die Mutter noch einmal an, „bist du fertig?"
„Ich glaub' schon", sagt Peter. „Mehr fällt mir nicht ein."

Minimauz ißt, was ihr schmeckt

„Was ißt denn die Minimauz?" fragt Peters Freundin Inga.
„Manchmal kriegt sie Dosenfutter", sagt Peter. „Gekochte Lunge mag sie, Leber und Milz. Rindfleisch darf sie roh haben. Außerdem bekommt sie Vitaminpaste."
Minimauz blickt die Kinder aus großen Augen an.
„Sie ist so schön wie eine Prinzessin", sagt Inga. „Trinkt sie auch Milch?"
„Sie trinkt frisches Wasser", sagt Peter. „Milch ist für Katzenbabys."
Inzwischen ist Minimauz verschwunden.
„Schau nur!" ruft Inga. „Was macht sie?"
Da angelt sich Minimauz etwas aus einem

Kochtopf und läßt es sich schmecken!
„Sie klaut", sagt Peter, „und zwar Sauerkraut."
„Mögen Katzen denn Sauerkraut?" fragt Inga.
Peter schüttelt den Kopf.
„Eigentlich nicht", sagt er.
Und da müssen sie beide lachen.

Minimauz klaut

„Diese verflixte Minimauz hat die Wurst aus der Erbsensuppe geklaut", sagt die Mutter in der Küche zum Vater. Peter und Minimauz sitzen nebenan im Wohnzimmer.
„Auweia!" sagt Peter leise.
Aber da hört er seinen Vater lachen.
„Du findest das komisch?" fragt die Mutter.
„Eine Katze ist eben eine Katze", sagt der Vater. „Katzen haben nun mal andere Moralgesetze als wir. Wenn ein Mensch einem anderen etwas fortnimmt, so ist das schlimm. Wenn eine Katze etwas erwischt, so fragt sie nicht danach, wem es gehört. Sie ist eine Jägerin. Und eine gute Jägerin ist eine gute Katze."
„Du meinst, daß sie in meiner Erbsensuppe gejagt hat?" fragt die Mutter.
„So ähnlich", sagt der Vater. „Wir sollten etwas daraus lernen."
„Klar." Das hat die Mutter schon

verstanden. „Ich werde jetzt immer den Deckel auf den Topf legen."
„Hast du ein Glück", sagt Peter zur Minimauz, „daß meine Eltern so toll sind!"

Minimauz bringt eine Maus

Wenn das Wetter gut ist, darf Minimauz
in den Garten. Da jagt sie durch das Gras,
springt den Mücken nach und buddelt
unter den Sträuchern.
Überall gibt es etwas zum Spielen.
Wenn Minimauz müde wird, rollt sie sich an
einem sonnigen Platz zusammen und
schließt die Augen. Aber es ist nicht so, daß
sie schläft. Ihre Ohren sind immer wach,
und sie hört jedes Geräusch.
Das Rascheln der Blätter hört sie, das
Summen der Bienen und das Piepsen der
Mäuse unter der Erde.

Einmal erwischt sie eine Maus. Sie trägt sie stolz im Schnäuzchen zu ihren Menschen. Aber die Menschen führen sich auf wie verrückt. Sie schreien und schimpfen. Schließlich jagen sie ihr die Maus ab und

lassen sie wieder laufen. Seltsam sind sie schon, die Zweibeiner!
Minimauz sitzt unter dem Rosenstrauch und erinnert sich. Die Maus war dick und fett. Sicher hätte sie gut geschmeckt.

Minimauz hat einen schlechten Tag

Heute hat Minimauz einen schlechten Tag.
In den Garten kann sie nicht, weil es regnet.
Im Bücherregal darf sie nicht spielen.
Sie darf nicht am Vorhang hochklettern.
Sich die Krallen am Sofa zu schärfen ist
verboten. Im Küchenschrank in der Pfanne
zu sitzen ist auch nicht erlaubt.
Zu allem Überfluß gibt es das gleiche
Dosenfutter wie gestern. Da maunzt die
Minimauz rum.
„Nun reicht's aber!" sagt die Mutter.
Minimauz ist gekränkt. Sie sucht sich ein
Versteck und verschwindet.
„Wo ist denn die Minimauz?" fragt Peter,
als er von der Schule heimkommt.

„Guten Tag", antwortet die Mutter. „Der Katzen-Plagegeist ist beleidigt."
„Minimauz!" ruft Peter. „Minimauz, wo bist du?"
Schließlich findet er sie in seinem Bett. Peter zieht die Schuhe aus und kuschelt sich zu ihr.
„Das ist ein ganz blöder Tag heute", sagt er. „Ich hab' in der Schule alles falsch gemacht. Wenn ich dich nicht hätte, müßte ich vielleicht weinen."

Minimauz ist eine Tigerin

Minimauz liegt unter dem Fliederstrauch und träumt. Sie wächst und wächst und wächst. Und schließlich ist sie eine Tigerin, geschmeidig und voller Kraft.

Die Tigerin liegt unter dem Fliederstrauch und träumt. Da steht plötzlich jemand vor ihr. Minimauz macht die Augen auf.
Ihr Blick fällt auf einen Kater!
Die Tigerin schrumpft augenblicklich zusammen. Klein und immer kleiner wird

die Minimauz. Aber sie wird kämpfen! Sie springt auf, macht einen Buckel und stößt ihr Kriegsgeheul aus. Furchtbar klingt das. Der fremde Kater geht rückwärts. Anscheinend hat er gar nichts Böses im Sinn. Er setzt sich.
Minimauz nimmt sich mit der Zungenspitze ein Stäubchen von der rechten Schulter. Den Fremden behält sie im Blick.
„Purr!" macht er plötzlich und springt umher wie ein Kobold. Noch zögert Minimauz. Aber spielen mag sie schon. Es dauert nicht lange, da jagen die beiden im Gras herum.

Minimauz ist verschwunden

Es ist Sonntag morgen.
„Minimauz ist verschwunden!" sagt die Mutter.
„Ach, Unsinn!" Der Vater streicht sich ein Frühstücksbrot. „Ich hab' sie doch gestern abend noch gesehen."
„Sie ist spät in den Garten gegangen", sagt die Mutter. „Ich habe ein Fenster offengelassen. Aber anscheinend ist sie nicht heimgekommen."
Peter sucht unter den Sträuchern, ruft und sucht.
„Sie wird schon wiederkommen", sagt der Vater. „So klein ist sie ja nicht mehr."
Peter klingelt bei den Nachbarn. Niemand hat Minimauz gesehen.
„Trink wenigstens einen Schluck Tee", sagt die Mutter.
Aber Peter mag nicht. Vielleicht ist Minimauz auf die Straße gelaufen und überfahren worden. Oder jemand hat sie

mitgenommen. Auf einmal weint er. Die
Mutter geht, um ein Taschentuch zu holen.
„Peter!" ruft sie von nebenan.
Da sitzt doch die Minimauz im Wäsche-
schrank!
Ganz verschlafen schaut sie.

Minimauz kriegt eine Katzensitterin

„Eigentlich hab' ich überhaupt keine Lust, in Urlaub zu fahren", sagt Peter. „Weil die Minimauz nicht mitkann!"
„Minimauz fühlt sich hier am wohlsten", sagt der Vater. „Was sollte sie an der See? Schließlich mag sie nicht schwimmen."
„Tante Gudula versorgt sie gut." Die Mutter schaut auf die Uhr. „Gleich wird sie kommen."
Schon klingelt es.
Tante Gudula ist lieb.
„Minimauz", sagt sie, „wir beide machen es uns ganz gemütlich."
Die Eltern tragen die Koffer hinaus.
„Wir haben alles aufgeschrieben", sagt Peter. „Was sie ißt und so. Und vergiß nicht, sie zu streicheln."
Tante Gudula und Minimauz stehen noch eine Weile am Fenster.
„Na?" sagt Tante Gudula.
Sie geht in die Küche und brät zwei kleine

Schnitzel. Auf einmal sitzt Minimauz neben ihr und schnurrt.
„Komm nur", sagt Tante Gudula. „Essen tröstet."

Minimauz steigt auf den Baum

Tante Gudula behütet Minimauz, als wäre sie ihr Baby.
„Ich habe Verantwortung für dich", sagt sie. „Das mußt du schon verstehen."
Minimauz geht raus. Tante Gudula kommt mit. Da wird es Minimauz zu dumm. Sie saust unter dem Zaun durch, in Nachbars Garten, den Baum hinauf. Es ist eine sehr hohe Birke.
„Um Himmels willen!" ruft Tante Gudula. „Du rennst in dein Unglück!"
Minimauz rührt sich nicht.
Tante Gudula klingelt bei den Nachbarn. Niemand ist zu Hause. Tante Gudula ist den Tränen nahe.

„Ich wußte es ja", sagt sie. „Nun kannst du nicht mehr runter."
Sie geht in den Keller und holt die große Leiter. Als sie sie mühsam über den Gartenzaun gehoben hat, steigt Minimauz vom Baum herab. Und Tante Gudula weiß nicht, ob sie nun lachen oder weinen soll.

Minimauz schnurrt

Als Peter mit seinen Eltern aus dem Urlaub zurückkommt, denkt er immerzu an Minimauz.
„Die wird sich freuen!" sagt er. „Und wie die sich freuen wird!"
Aber dann kommt es ganz anders.
Minimauz schaut ihn nicht einmal an. Sie putzt sich, als gäbe es nichts Wichtigeres für sie zu tun.
„Sie mag mich nicht mehr", sagt Peter.
Er ist traurig.
Aber die Mutter lacht.

„Sie ist nur gekränkt, weil du so lange fort gewesen bist.
Laß sie ganz in Ruhe. Du wirst schon sehen."
Und wahrhaftig, nach einer Stunde, als Peter auf dem Sofa sitzt, kommt Minimauz von selber.
Sie drückt ihr Pelzgesicht an seine Wange und schnurrt und schnurrt.
„Wie schön, daß du wieder da bist", heißt das. „Ich hab' dich so vermißt!"

Minimauz ist allein

Das weiß Minimauz schon, was verboten ist. Fäden aus den Gardinen zu zupfen ist verboten, Tapete abzukratzen, auf den Tisch zu springen, die Blumentöpfe als Katzenklo zu benutzen, sich die Krallen am Wohnzimmerschrank zu schärfen und Löcher in Buchecken zu beißen.
Das sind lauter Sachen, die Minimauz ganz besonders gerne macht.
Einmal ziehen sich die Menschen ihre Mäntel an.
„Wir gehen ins Kino", sagt Peter.
„Sei brav!"
Bums – fällt die Tür zu.
Minimauz sitzt mitten im Raum. Jetzt endlich kann sie alles tun, was sie will.
Die Bücher schaut sie an, die Blumentöpfe, die Tapete, die Gardinen, den Tisch und den Wohnzimmerschrank.
Aber komisch, jetzt, wo sie allein ist, hat sie gar keine Lust, etwas anzustellen. Sie reckt

sich und streckt sich. Dann steigt sie in ihren Katzenkorb, rollt sich zusammen und schläft.

Minimauz wird unsichtbar

In der Dämmerung sehen die Katzen ganz besonders gut.
„Miau!" sagt Minimauz, das heißt:
„Laß mich raus."
„Ich möchte doch mal wissen, wohin sie geht", sagt Peter.
Er schleicht ihr heimlich nach.
Minimauz schnuppert an den Rosen, streicht am Fliederstrauch entlang und schaut sich den Salat an.
Und dann – „Das gibt's doch nicht!" sagt Peter – ist sie plötzlich verschwunden!
Als hätte die Dämmerung sie verschluckt.

„Verstehst du das?" fragt Peter seinen Vater. Der Vater grinst.
„Katzen sind geheimnisvolle Tiere."
„Und wo ist sie jetzt?" will Peter wissen.
„Tja", sagt der Vater. „Vielleicht in einem Schneckenhaus. Oder in einer Rosenknospe."
Peter lacht.
„Kann sein, sie ist irgendwo auf einem Stern, nicht wahr? Auf einem ganz kleinen."

Minimauz hat einen Unfall

Es klingelt Sturm. Peter läuft zur Tür.
„Deine Katze!" schreien die Kinder. „Sie ist überfahren worden!"
„Nein", sagt Peter. „Nein."
Aber es ist wahr. Die Katze, die am Straßenrand liegt, ist Minimauz. Sie lebt. Ganz vorsichtig nimmt Peter sie auf den Arm und trägt sie nach Hause.
„Mama!" ruft er.
Die Mutter läßt alles stehen und liegen.
Sie fahren zum Tierarzt.
„Deine Katze hat noch mal Glück gehabt!" sagt der Tierarzt. „Nur das Hinterbein ist gebrochen."
Minimauz kriegt eine Spritze.
„Muß sie stilliegen?" fragt Peter.
„Nein", sagt der Tierarzt. „Sie darf auf drei Beinen humpeln."
„Es wird wieder gut", sagt Peter zu Minimauz, als sie wieder zu Hause sind.
Aber dann muß er auf einmal heulen.

Minimauz soll frei sein

„Am besten wäre es, die Miezekatze Minimauz überhaupt nicht rauszulassen", sagt Peter. „Es ist viel zu gefährlich! Schließlich wird sie noch totgefahren."
Der Vater legt sein Buch fort.
„Ich verstehe dich schon", sagt er. „Doch glaubst du, daß es ein gutes Leben für eine Katze ist, eingesperrt in einer Wohnung zu sein?"
„Aber . . ." sagt Peter.
„Schau", sagt der Vater, „auch du kannst überfahren werden. Es wäre möglich, daß du in den Fluß fällst oder aus der Straßenbahn. Jemand könnte dich entführen, oder es plumpst dir vielleicht ein Blumentopf auf den Kopf, von einem Balkon.
Ein tollwütiger Hund könnte dich beißen oder wer weiß was noch!
So ist das Leben nun mal – unsicher.
Aber es ist auch schön.
Wenn man nicht eingesperrt ist!"

Minimauz ist ein Gespenst

Nachmittags war die Mutter im Keller. Minimauz ist mitgelaufen. Die Mutter hat sie nicht gesehen. Sie schließt die Tür, und Minimauz ist eingesperrt. Niemand hört ihr Schreien.
Endlich aber kommt jemand die Treppe hinab. Minimauz drückt sich hinter die Tür, damit sie schnell hinaus kann. Sowie das Julchen vom ersten Stock die Kellertür öffnet, saust Minimauz vorbei.
„Hilfe!" schreit Julchen, daß es durch das ganze Haus schallt. „Ein Gespenst! Ich habe ein Gespenst gesehen!"
Als Peter zu Hilfe kommt, trifft er seine Minimauz.
„Julchen", sagt er, „könnte es ein Katzengespenst gewesen sein?"
Aber Julchen besteht darauf, daß das Gespenst riesengroß war.
Und glühende Augen habe es gehabt – wie Höllenfeuer.

Minimauz fängt Schneemäuse

Es ist Winter geworden. In der Nacht fällt Schnee.
Als Minimauz am Morgen in den Garten will, bleibt sie stehen wie erstarrt. So etwas hat sie noch nie gesehen! Alles ist weiß! Zuerst schnuppert sie. Aber der Schnee riecht nach nichts. Dann setzt sie vorsichtig eine Pfote hinaus. Hu, ist das komisch! Sie schüttelt die Pfote und leckt sie ab. Doch schließlich siegt ihre Neugierde. Ganz, ganz vorsichtig stapft sie hinaus. Peter kommt mit.
„Ist doch schön", sagt er.
Nach einer Weile gefällt Minimauz der Schnee. Übermütig springt sie herum. Peter wirft Schneebällchen. Da springt

Minimauz hinterher, als wären es weiße Mäuse.
„Und jetzt", sagt Peter, „bauen wir einen Schneemann."
Das schaut sich Minimauz aber lieber von drinnen an. Denn: kalt ist der Schnee ja doch. Und Katzen tragen ja keine Schuhe.

Minimauz macht Peter traurig

Peter füttert die Vögel. Das hat er jeden Winter gemacht. Das Vogelhaus steht mitten auf der Wiese. Da kann Minimauz nicht ran.
Peter steht am Fenster. Er sieht, wie den Meisen Körner hinunterfallen. Die picken sie am Boden auf.
Plötzlich ist Minimauz da und hat einen der Vögel erwischt!
„Nicht!" schreit Peter.
Doch als er nach draußen kommt, ist der Vogel schon tot.
„Es ist schrecklich", sagt Peter zu seiner Mutter. „Sie ist so lieb. Aber daß sie *das* getan hat!"
„Ja", sagt die Mutter. „Es ist traurig. Aber du mußt es richtig sehen. Ißt *du* nicht Schweinekoteletts und Kalbsbraten? Das ist auch Fleisch von Tieren, nicht wahr?"
Peter geht in sein Zimmer. Er setzt sich hin und denkt nach.

Minimauz zieht um

Eines Tages erklären die Eltern Peter,
daß sie umziehen müssen. In eine andere
Stadt.
„Das ist aber traurig", sagt Peters Freundin
Inga. „Und was macht ihr mit Minimauz?"
„Blöde Frage", sagt Peter. „Sie kommt
natürlich mit!"
„Katzen gehören zum Haus", sagt Inga.
Das glaubt Peter aber nicht.
Als die Möbel ausgeräumt werden,
bekommt Minimauz Angst. Peter sperrt sie
ins Badezimmer. Später reist sie im
Katzenkorb mit in die andere Stadt.
In der neuen Wohnung darf sie aussteigen.
Furchtsam schleicht sie umher.

„Du wirst sehen, es ist wunderschön hier",
sagt Peter. „Glaubst du, daß sie weglaufen
wird?" fragt er seine Mutter.
„Das ist schon möglich", antwortet sie.
Da sehen sie, daß die ganze Zeit die Tür
offenstand. Minimauz aber geht daran
vorbei und springt auf Peters Schoß.

Minimauz begegnet Emilio

Seit die Miezekatze Minimauz mit ihren Menschen umgezogen ist, ist vieles anders geworden. Die Türglocke klingt hier lauter, der Kühlschrank steht nicht mehr wie früher, und im Garten gibt es keinen Fliederstrauch.
Zwei fremde Katzen trifft Minimauz, die muß sie erst noch besser kennenlernen. An einem Morgen aber steht plötzlich ein

Hund auf der Wiese! Minimauz sträubt ihr Fell, daß sie doppelt so groß aussieht.
Der Hund wedelt mit dem Schwanz.
„Er will dein Freund sein", sagt Peter. „Schau nur."
„Emilio!" rufen die Leute, denen der Hund gehört.
Gleich saust er nach nebenan.
„Da wohnt er", erklärt Peter. „Vielleicht werdet ihr Freunde."
Das weiß Minimauz noch nicht. Ist auch nicht wichtig. Wichtig ist, daß sie zusammen sind: Peter und die Miezekatze Minimauz.

Leselöwen-Minutengeschichten
von Gina Ruck-Pauquét

Ganz kurze Geschichten für Leseanfänger, in Großdruckschrift, durchgehend farbig illustriert.

**Strubbelhund Emilio
Gärtner Ros und seine Freunde
Marktfrau Petunia und ihre Freunde
Zirkusdirektor Bip und seine Freunde**

Humorvoll und leicht verständlich erzählt, vermitteln die Geschichten Einsichten und Anregungen, wie Menschen miteinander, mit den Tieren und mit der Natur behutsam und friedlich umgehen können.

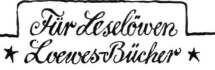